CB129385

Saúde e Espiritualidade

Uma Visão Oculta da Saúde e da Doença

Geoffrey Hodson

Saúde e Espiritualidade

Uma Visão Oculta da Saúde e da Doença

Tradução:

Marly Winckler

EDITORA
TEOSÓFICA

Título do original em Inglês:
Health & The Spiritual Life

Primeira edição: Fletcher and Son Ltd.
Norwich, Inglaterra, 1926
Segunda edição revisada e ampliada, 1930
Reimpressões: 1933, 1954 e 1957

An Occult View of Health & Disease
The Theosophical Press
Wheaton, Illinois – U.S.A.

Edição em Português
1993, Editora Teosófica
Direitos Reservados
EDITORA TEOSÓFICA, Sociedade Civil
SIG – Quadra 6 – Lote 1235
70.610 - 460 – Brasília-DF – Brasil
Tel.: (061) 3322-7843

H692, Hodson, Geoffrey

Saúde e espiritualidade – Uma visão oculta da saúde e da doença. Tradução: Marly Wincler – Brasília-DF: Editora Teosófica, 2ª edição, 2022.

ISBN 978-65-88797-72-3

1. Teosofia 2. Saúde – Visão Oculta
I Marly Wincler (Trad). II Título

CDU 371.71:141.135

Capa: Fernando Lopes
Revisão do português: Zeneida Cereja da Silva
Diagramação: Ana Paula Cichelero

Sumário

Prefácio da Edição Brasileira

Em seu sentido mais amplo, ter boa saúde é um processo simultaneamente físico, psicológico e espiritual. Depende, fundamentalmente, da nossa capacidade de ouvir o Eu Superior e Espiritual, e de viver em harmonia com as leis do Universo. O objetivo da dor – e das doenças – é mostrar-nos as falhas que precisamos corrigir e chamar nossa atenção para os próximos passos no caminho do autoaperfeiçoamento.

Este é um dos pontos centrais para Geoffrey Hodson nos dois textos que reunimos neste volume. Com base em investigações clarividentes e em sua longa prática terapêutica, ele abre as portas, com estes dois trabalhos, para que o leitor atento assuma a responsabilidade sobre sua própria saúde física, emocional e espiritual.

Health & The Spiritual Life (*Saúde e Vida Espiritual*), publicado pela primeira vez em 1926, é hoje um texto clássico, mas cuja atualidade permanece intocada. Simples, didático, contém recomendações práticas que produzem um claro efeito positivo na vida de quem as aplique com equilíbrio e regularidade. *An Occult View of the Health & Desease* (*Uma Visão Oculta da Saúde e da Doença*) estuda e descreve minuciosamente os processos vitais nos vários planos da realidade humana. Mais detalhado e técnico, o texto publicado na segunda parte deste volume oferece preciosas indicações para que melhoremos a qualidade de vida em suas diversas dimensões."

Os Editores

Primeira Parte

A Saúde e a Vida Espiritual

Nota do Autor

A causa principal de cada caso individual de doença reside em uma resistência ao direito do Ego[1] de governar sua personalidade[2] e em recusar-se a ouvir a voz da consciência. Esta causa é divisível em duas classificações subsidiárias. A primeira delas consiste daquele tipo de *karma*[3] que é o efeito da obstinação da personalidade e do fechamento deliberado dos ouvidos à voz do Eu Superior. Isso resulta em pecados de ação, aqueles atos definidos que são contrários ao princípio fundamental da unidade. A segunda causa é o *karma* que resulta da inexperiência do Ego e seu fracasso em prover a necessária orientação para a personalidade: isso resulta nos pecados de omissão, autoindulgência e fracassos na

---

[1] O Governante Interno Imortal que é o verdadeiro homem. (Nota Ed. Bras.)

[2] A manifestação temporária do Ego em termos de pensamento, sentimento e ação. (Nota Ed. Bras.)

[3] A lei de causa e efeito e o resultado de sua operação. (Nota Ed. Bras.)

autodisciplina e nas ações de serviço. Entre estas duas divisões existem muitas outras que compartilham da natureza de ambas, com a predominância de uma ou outra.

As forças do *karma* podem ser concebidas em termos das cores do espectro. Uma cor pode tornar-se branca e, assim, virtualmente desaparecer, se se encontrar e se combinar com sua tonalidade complementar. As forças adversas podem tornar-se inoperantes através de um equilíbrio perfeito das polaridades opostas. Um estudo profundo do *karma* da doença deve, portanto, ser feito, de tal forma que se possa conhecer, em primeiro lugar, o tipo de energia que se encontra por trás de cada doença e, em segundo, a energia através da qual pode ser neutralizada.

Tudo isso pode ocorrer fora da esfera pessoal. É uma forma de alquimia espiritual que será parte da sabedoria das raças subsequentes da humanidade. Não pode operar-se onde a separatividade permanece. O sucesso exige que a separatividade deva ser em alguma medida transcendida. A unidade é a grande profilaxia; se alcançada pelo Ego, seu poder permeia os veículos pessoais e torna-os imunes às doenças crônicas. Pertence ao plano da sabedoria, que, como se diz "poderosa e suavemente ordena todas as coisas". A força vital deste sublime nível envolve e permeia todo átomo de cada veículo e provê sustentação espiritual para a quádrupla personalidade do homem. Sob a influência de uma intensa compreensão pessoal da unidade ocorre uma descensão, em uma medida grandemente aumentada, desta energia espiritual que cura, e que é o verdadeiro antídoto para qualquer doença.

O homem emprega remédios apropriados a sua idade evolucionária. O período final da evolução humana sobre a Terra encontrará o homem liberto do *karma* da doença. Ele terá entrado conscientemente em um sentimento vívido da unidade com tudo que vive, com Aquele que está por trás e no interior de todas as coisas vivas.

I

A Saúde

Por saúde subentende-se aquele estado no qual os três processos fundamentais da Natureza – absorção, assimilação e eliminação – estão operando plenamente no indivíduo, em perfeita harmonia e equilíbrio.

A vida está disponível em abundância em todos os planos. A Natureza ordena que ela deve fluir através de nós, mantendo-nos perfeitamente saudáveis em cada veículo, de acordo com nossa posição na evolução.

Tal como ocorre com a maioria das coisas, a saúde é relativa. Aquilo que é saúde perfeita para o selvagem não o seria para o homem civilizado, e aquilo que é saúde para o homem civilizado não necessariamente é o estado ideal para alguém que está buscando viver a vida espiritual, ainda que se deseje estar pelo menos tão saudável quanto um homem civilizado normal de nossos dias.

Por que ele deveria precisar de outro padrão de saúde? Porque ele tem outro padrão de eficiência. Ele difere radicalmente do resto do mundo, pois, ao oferecer-se a seu ideal, oferece o todo de si, entregando-se totalmente e nada mantendo em reserva, seja lá o que for. Em nosso presente estágio de evolução, temos tão pouco para dar, uma oferta tão reduzida para fazer, que manter algo reservado, oferecer apenas uma parte de nós, é quase um insulto à grande aventura na qual embarcamos.

Se aceitarmos isso, deve ser de imensa importância ao aspirante à Vida Espiritual que ele esteja em perfeita saúde. Não poderíamos prosseguir dizendo que é seu dever, seu primeiro dever, estar em um estado de saúde perfeita, tanto quanto seu *karma* e sua constituição o permitam, cuidando para que nada haja em sua vida que sirva de obstáculo para o atingimento daquele ideal?

Examinemos alguns dos fatores que são importantes para o atingimento da saúde. Aqui, novamente, uma vez que o estudante colocou-se em contato com as forças espirituais, sua abordagem será diferente da do homem que não o fez; pois o que seria inofensivo para o último pode ser seriamente prejudicial para o primeiro, cujos corpos sutis bem como o físico estão se tornando mais sensíveis e responsivos à medida que ele progride na Senda e se torna um canal para as forças ocultas.

O fator psicológico pode provavelmente ser considerado como o mais importante deste ponto de vista. Deve haver tanta harmonia quanto possível entre o ideal interior oculto no Ego e sua expressão exterior através da ação mental, emocional e física.

A falta de harmonia entre nossos ideais e nossas ações cria fricção que impede o fluxo da Vida Divina através dos veículos, causando obstruções tanto no corpo mental quanto no emocional e no físico, resultando em doença e dor.

Um processo similar ocorre na produção de luz elétrica; o filamento na lâmpada é feito de material que não é bom condutor de eletricidade. Quando uma corrente passa, gera-se uma resistência de calor em quantidade proporcional à resistência da corrente; no decorrer do tempo, a temperatura do filamento é elevada a tal grau que se torna incandescente. Como não há calor no fio que transmite as correntes elétricas a não ser que haja resistência, assim também não haverá dor em nossos veículos a menos que ofereçam resistência ao fluxo das correntes da vida. Assim como o calor produzido no fio é proporcional à corrente elétrica e à resistência, também a dor em um veículo será proporcional às correntes da vida e à resistência a elas.

Além disso, há um sistema de correspondências entre o tipo de resistência e o veículo no qual ela ocorre, entre o tipo de dor que resulta e a parte do corpo em que é sentida.

A dor pode ser entendida como uma indicação segura daquela falta de harmonia que causa resistência. Existe alguma obstrução contra a qual a Vida Divina está fazendo pressão e através da qual seu fluxo vitalizante é impedido.

A dor é, portanto, nossa melhor amiga e nossa instrutora, especialmente nos estágios iniciais de nosso progresso. Isso é demonstrado na ação do medo, da ansiedade e da preocupação pessoal com o corpo. Áreas congestionadas formam-se nos corpos mental e emocional como resultado destes maus hábitos, e, se houver persistência no mal, o duplo etérico torna-se afetado até que, por fim, a condição manifesta-se como dor no corpo físico. Esta manifestação pode ser câncer, inflamação glandular, doenças nervosas, dores de cabeça, ou esgotamento da vitalidade seguida de prostração nervosa – de tão estreita que é a relação entre os corpos sutil e físico ocasionada pelo contato imediato com as forças que surgem após tentarmos a vida espiritual.

Assim ocorre com toda a conduta em nossa vida diária; se há nela aquilo que constitui uma negação dos princípios que professamos, então não podemos esperar e, de fato, não podemos ter saúde perfeita.

É necessário, portanto, que cada um de nós faça um exame completo e imparcial de nós mesmos com base nesses aspectos, sempre usando como teste a seguinte questão: "Meus pensamentos, sentimentos e ações expressam verdadeiramente o ideal que professo?" Se recebemos uma resposta negativa, dois procedimentos abrem-se para nós, homens e mulheres honestos. Um é fazer uma tentativa determinada e contínua de autocontrole e autotreinamento, de modo que a vida se ajuste com aquilo que professamos. O outro é persistir na indulgência e abandonar o que professamos.

O primeiro é talvez o mais difícil, mas o segundo tem seu valor, porque, ao segui-lo, nos tornamos honestos. Afirmar que a "honestidade é a melhor política" constitui uma máxima antiga, mas, para aqueles de nós que buscamos viver a vida espiritual, a honestidade é uma virtude absolutamente essencial. Uma tentativa de seguir um curso intermediário, retendo a crença e a indulgência, afinal conduzirá à perda completa tanto da saúde espiritual quanto física.

É verdade que podemos "consertar" o corpo físico e obter uma imunidade temporária dos efeitos dos erros, mas a saúde permanente para esta vida ou para as subsequentes não pode ser obtida, a menos que seja construída sobre as bases fundamentais que descrevi.

Não podemos ser saudáveis se nos preocupamos, se somos depressivos, ciumentos, críticos, cruéis, egoístas e se nos deixamos levar pelo medo; se somos pessoais e mesquinhos em nossa vida, autocentrados, frios e alheios em nossas relações com nossos semelhantes.

Não podemos ser saudáveis se nos entregamos às emoções inferiores, às paixões do instinto ou se somos desleais e negligenciamos nossas responsabilidades em detrimento de nossos pais, parentes, cônjuges e filhos.

Não podemos ser saudáveis se quebramos a lei fundamental do amor e infligimos dor sobre outros ao invés de sacrificar nossas gratificação e satisfação pessoais.

Estas são leis na vida espiritual, e se desejamos seguir o chamado do desejo, o caminho do mundo, façamo-lo francamente; sejamos honestos a esse respeito, não pretendendo viver a vida superior ou a entrega de nós mesmos a uma grande causa.

Ainda que estas declarações possam soar como um sermão sobre ética, não obstante elas estão fundamentalmente aliadas à saúde, e qualquer tentativa de curar, seja a nós ou a outros, que não comece com os princípios básicos, será apenas superficial e temporária e falhará em seu propósito.

Os princípios básicos podem ser expressos como segue:

1. A causa da doença é uma falha de caráter que permitiu as transgressões produtoras de *karma*.

2. A má saúde resultante é a voz da Natureza chamando atenção para a deficiência.

3. A cura física, que deixa o caráter intocado, não pode ser permanente.

4. O treinamento educativo, portanto, deve acompanhar o tratamento físico, de modo que o perigo de uma repetição das ações produtoras de doença possa ser reduzido a um mínimo.

5. A cura que apenas suprime ou mesmo elimina os sintomas puramente físicos não pode ser considerada como cura verdadeira.

A partir disso, veremos que a prática da cura não necessita estar limitada ao profissional médico. O campo da cura superfísica e educativa está aberto a todos que nela desejem qualificar-se. Aqueles que aspiram incluir a cura em seus esforços para viver a vida espiritual podem produzir resultados benéficos e duradouros através do método simples que segue:

O propósito deste método é elevar o sofredor à presença do Grande Ser cuja função é curar o Mundo, inundá-lo com o Poder Regenerador do Senhor Cristo, orando também para que ele possa ser iluminado com a verdadeira compreensão da razão de seus sofrimentos. O Eu espiritual do sofredor deve sempre ser deixado livre para dirigir o poder de cura para seus veículos pessoais que julgar melhor. O objetivo da cura espiritual não é necessariamente remover os sintomas físicos; se isso ocorrer, como tantas vezes acontece, tanto melhor. O principal propósito é iluminar o paciente com uma nova visão de vida; dar-lhe compreensão de modo que as deficiências de caráter possam ser superadas, para preenchê-lo com poder que pode ser usado ao arbítrio do Ego, restaurando a harmonia em toda sua natureza.

Deve-se sempre pensar no sofredor como perfeitamente bem, radiante, feliz, bem como resplandescente com a luz e o poder do Senhor Cristo.

A presença e a cooperação dos anjos é de grande valor neste trabalho. Eles trazem suas próprias forças vitais claras e dinâmicas para derramar sobre o paciente, ao mesmo tempo conservando e dirigindo os poderes descendentes invocados por aquele que deseja curar.

Estes resultados são talvez melhor alcançados através de uma meditação preliminar na qual há o esforço para aproximar-se e se tornar um com o Senhor Cristo, para, por assim dizer, tocar "a orla de Suas vestes". Então Ele pode elevar o sofredor até a união com Ele, de modo que possa brilhar com Sua luz.

Segue-se então a prece curativa, através da qual o poder de cura de Cristo e Sua bênção podem ser invocados:

"Possa o poder de cura do Senhor Cristo descer sobre (repetir os nomes e sobrenomes) e possam envolvê-los os santos anjos."

Aquele que deseja curar deve então permanecer em silêncio, firmemente mantendo esta oração em pensamento e visualizando o paciente como se estivesse na

Presença de Cristo e cercado por um grupo de anjos cintilantes.

O leitor observará que esta oração não pede que o sofredor seja curado; se tal resultado definido for solicitado, a oração deve sempre ser concluída com as palavras: "como for o mais conveniente para ele". Instruções mais completas para cura e auxílio de outros encontram-se nos livros do autor, *Thus have I heard* (*Assim Ouvi*), *Os Anjos e a Nova Raça* e *A Fraternidade de Anjos e de Homens.*

O aspirante ao poder curador deveria esforçar-se continuamente para aumentar a profundidade e o poder de sua compaixão pelo sofrimento de todo tipo.

A força do amor e da piedade humana nunca é desperdiçada, mas sim cuidadosamente preservada. O menor pensamento de solidariedade para com um indivíduo diminui o sofrimento do todo. Devemos inundar toda nossa natureza, portanto, com a mais profunda solidariedade e, através deste ato, diminuir o pesado *karma* de doença que paira sobre o mundo. Pense no amor e assim diminua o ódio; pense na alegria e diminua a tristeza; pense na saúde e diminua a doença; pois estes pensamentos pertencem à luz solar da manifestação e aumentam seu poder de modo que os homens tornem-se menos propensos a desgarrar-se na escuridão de onde brota a doença.

Se fôssemos fortes o suficiente em compaixão, em solidariedade, em amor, poderíamos apenas com isso curar, pois estes são poderes enormes. À medida que podemos expressá-los, assumimos verdadeiramente a função de curar nossos semelhantes. Cada esforço altruísta para aliviar o sofrimento, encontre este ou não o sucesso físico imediato, definitivamente diminui o *karma* de doença da humanidade.

Ao homem foi dado o livre-arbítrio para que possa tornar-se um deus, onipotente, onisciente e onipresente. No início ele o usa para a maldade e sofre. Com o sofrimento aprende a usá-lo apenas para "o reto comportamento, no qual mora a virtude." No final sua vontade ainda é livre, mas se volta naturalmente e sempre para o bem. Tal é o propósito do sofrimento: esta é também a meta da vida humana, que o neófito espiritual aspira alcançar no menor tempo possível, a fim de mais efetivamente curar e auxiliar o mundo.

Na procura da perfeita saúde, tão essencial para o sucesso na busca da vida espiritual, a aquisição do equilíbrio interior e exterior é de imensa importância. Tanto tem sido dito sobre o relaxamento que se hesita em usar a palavra, tornada vulgar. Entretanto, não há outra que expresse tão bem o estado que devemos trazer para nossa mente e corpo. Temos que aprender a "soltar-nos" em todos os planos e não podemos fazer melhor se iniciarmos com o físico.

II

Relaxamento

O aspirante à Vida Superior deve iniciar pelo corpo físico e aprender a mantê-lo sereno e "solto"; a fazê-lo sentar, parar ou deitar em perfeita tranquilidade, com cada músculo relaxado e cada nervo descansado; então, e somente então, pode tentar chegar com segurança à meditação e ao contato com as poderosas forças de outros planos.

A cada dia e a cada hora todos os gestos supérfluos devem ser eliminados, bem como todos os movimentos involuntários e desnecessários do corpo. O estresse da civilização moderna é tão grande que para resistir a ele retesamos nossos corpos, estirando nossos nervos e endurecendo nossos músculos. Que o aspirante observe a si mesmo e veja o quanto está esbanjando sua vitalidade em movimentos e gestos desnecessários e em uma tensão contínua do corpo.

É de pouco valor dedicarmo-nos à Vida Superior com nossas mentes, se não correspondemos àquilo que professamos ao desperdiçar incessantemente a parte mais valiosa de nossos eus físicos a cada hora e a cada minuto do dia.

O corpo deve tornar-se sereno e equilibrado; apenas aquelas partes do mesmo necessárias à tarefa em questão deveriam ser usadas – todo o restante deveria estar em repouso, aparentemente se recuperando para qualquer chamado que possa ser feito.

As pessoas hoje em dia vivem em uma inquietude nervosa inteiramente desnecessária. É um axioma que não se pode progredir na vida oculta até que se tenha cessado com a irrequietação nervosa.

Uma das razões da condição altamente nervosa de tantos estudantes é que a vitalidade está sendo continuamente desperdiçada por esta falta de controle sobre o corpo físico. A prática da serenidade e relaxamento corporal será vista como um passo valioso em direção à autocura, bem como em direção à aquisição de maior eficiência em todas as atividades do Plano Físico. A prática do relaxamento é o meio não apenas de induzir uma condição equilibrada e harmônica ao corpo, mas também de aquietar e controlar as emoções e a mente.

Ao invés de uma condição nervosa, abrupta, altamente tensa, maneiras ásperas, atitude mental continuamente crítica, a voz penetrante que tantas vezes termina suas frases com uma caricatura nervosa e histérica sem sentido do verdadeiro riso, devemos apresentar uma personalidade suave, rítmica e harmoniosa, uma voz serena e agradavelmente modulada, um exterior cálido e amoroso para o mundo, cuidando que tais esforços sejam uma verdadeira expressão da alegria da vida que flui inexaurivelmente dentro de nós.

III

Dieta

Ao abordar este tão importante aspecto da saúde e da autocura, suponho que a maioria daqueles que tentam viver a Vida Superior são vegetarianos. Aqui, novamente, a questão da sinceridade e da honestidade de propósito será vista como tendo uma relação estreita com a saúde. Minha visão é a de que é impossível possuí-la e continuar ligado aos horrores e barbaridades dos frigoríficos e caminhos que a eles conduzem.

É de fato difícil compreender como alguém pode associar o esforço mais elevado espiritualmente com a ingestão em seu corpo do alimento mais grosseiro possível, cada átomo do qual sendo animado não apenas com as vibrações naturais do reino animal, mas também com aqueles não naturais, devido ao sofrimento físico e emocional, que é inseparável do uso da carne animal como alimento.

O mero vegetarianismo, contudo, não é suficiente para produzir e manter a saúde perfeita; é de grande importância que toda a questão da dieta seja examinada cientificamente e que seja descoberta uma dieta adequada, não apenas do ponto de vista da satisfação do apetite e do agrado ao paladar, mas pura e simplesmente daquele de obter a nutrição e a vitalidade necessárias ao corpo.

Certos princípios básicos podem ser sugeridos aqui, embora a experiência demonstre que a dieta é amplamente uma questão pessoal, e que o caminho real para uma dieta geral perfeita, adequada a todos os temperamentos, não pode ser facilmente encontrado.

1. Os alimentos crus são mais ricos em vitaminas do que os cozidos. As frutas e os vegetais crus, se assimilados apropriadamente, são mais benéficos do que os pratos preparados e cozidos.

2. As refeições, sejam de frutas ou vegetais, deveriam ser bem balanceadas. Ao mesmo tempo dever-se-ia tomar cuidado para não misturar alimentos que não combinam bem. Com frequência não é aquilo que comemos que dificulta nossa digestão, mas o que misturamos.

3. Se nossa dieta for bem escolhida, ao tornarmo-nos vegetarianos precisaremos de uma quantidade menor, e não maior, de alimentos. O excesso de comida tende a produzir venenos no sistema e, muitas vezes, tem o efeito de obstruir as passagens nasais e bronquiais.

4. O melhor tratamento dietético para a maioria dos males é o jejum completo e contínuo por trinta e seis ou quarenta e oito horas, ou mais prolongado, de acordo com a necessidade, e apenas água pura deve ser ingerida. Este

não é o lugar para tratar extensivamente da importante questão do jejum, e posso apenas acrescentar que, ao ser interrompido o jejum, as frutas devem constituir o único alimento no primeiro dia.

O autor experimentou nos últimos dez anos uma dieta vegetariana crua e chegou à conclusão de que a prática de cozinhar os alimentos é um erro. Se a digestão não tiver sido arruinada ou prejudicada por uma escolha insensata do alimento, uma dieta crua, sabiamente escolhida, pode não apenas manter o corpo em seu mais elevado grau de eficiência, mas de fato, teria um efeito rejuvenescedor, se continuada invariavelmente por um período de alguns anos.

Para aqueles que desejam experimentar este tipo de dieta, o autor aconselha uma refeição consistindo de frutas frescas da estação, frutas secas, nozes e mel, todos os dias; não se deve comer pão ou outro alimento com esta refeição, que é melhor no café da manhã.

Também uma refeição de saladas por dia, com todas as verduras verdes usuais cruas, inclusive vegetais crus em pedaços, cenouras raladas, nabos, etc.; azeite de oliva e suco de limão, pão integral, manteiga e queijo podem servir como acompanhamento.

Se houver o desejo por uma terceira refeição, ela poderia ser uma repetição da primeira ou da segunda.

IV

Remédios, Drogas e Estimulantes

O hábito de ingerir remédios é muito predominante e ao mesmo tempo muito prejudicial; raramente produz uma cura radical, embora possa dar alívio temporário. A maioria dos medicamentos toca apenas os efeitos e quase nunca a causa da doença; o hábito de usar sedativos, tônicos e laxativos minerais também deve ser desaprovado.

Substitutos dietéticos curativos para isso podem ser encontrados nos frutos naturais da terra, embora seja necessário grande cuidado em sua seleção e uso por seus diferentes efeitos sobre as diferentes constituições.

A quantidade e a fortitude do chá e do café devem ser reduzidas ao mínimo.

Não será necessário advertir o estudante contra o uso de soro, antitoxinas, glândulas ou contra a introdução, no corpo, de órgãos de animais ou transfusões sanguíneas de animais ou pássaros. Fora a crueldade envolvida na obtenção dos mesmos, que por si só é suficiente para tornar impossível para nós a justificação de seu uso, e seu efeito de reforçar o lado animal de nossas naturezas, seu ritmo é muito diferente daquele da matéria que compõe o corpo humano. O ritmo do reino animal produz desenvolvimento consideravelmente mais rápido do que o do reino humano e, em consequência, os períodos de puberdade, maturidade, velhice e decadência nos animais são muito mais curtos do que no homem. É óbvio, portanto, que podemos apenas causar mal em transplantar para nossos corpos matéria que é governada por um ritmo que difere tanto daquele do corpo humano.

V

Respiração

A respiração defeituosa ou inadequada é outro fator que nos impede de alcançar a culminação completa de nossos poderes corporais. Cinco minutos a cada manhã antes do desjejum, e preferivelmente logo após o banho, gastos em respiração profunda provar-se-ão benéficos e vitalizadores em todos os casos. Próximos à janela aberta, descansando suavemente nos quadris, devemos respirar profunda e ritmicamente, forçando a respiração até o fundo dos pulmões. Deve ser regular, com uma pausa igual entre cada inspiração e expiração. Pode-se obter um efeito adicional se a mente for focalizada no fato de que a vitalidade está sendo absorvida e assimilada e que, ao respirar ritmicamente, estamos conduzindo, no Plano Físico, um processo que se encontra em estreita correspondência com a inspiração e a expiração do Alento Cósmico.

A vitalidade pode ser absorvida com a respiração em uma medida grandemente aumentada ao seguirmos o seguinte método:

Visualize a vitalidade como uma flamejante energia dourada presente em todos os lugares. *Deseje* que um poderoso fluxo entre na cabeça com a respiração e passe diretamente para os pulmões, estômago e pernas, até os pés. Durante a exalação, retenha o *prāna*[4]. Repita o efeito da vontade em cada respiração, prendendo o *prāna* no corpo, até que ele se eleve cada vez mais e por fim preencha todo o corpo com sua força vívida, vital. Após todo o corpo ter sido carregado, direcione uma corrente especial de *prāna* para qualquer parte afetada ou dolorosa.

Repita este exercício durante o dia, sobretudo quando estiver caminhando.

Cultive uma postura ereta e o hábito de sempre respirar profunda, ritmicamente, através das narinas e para baixo, até o abdomem.

[4] *Prāna* significa Princípio vital, vitalidade, alento de vida, conforme *Glossário Teosófico*. (Nota Ed. Bras.)

VI

Banho, Exercícios e Sono

Embora o banho diário regular infelizmente não esteja ao alcance de todos, ainda assim é um ideal a ser almejado se quisermos obedecer à injunção de manter o corpo "livre da mais ínfima partícula de sujeira". Há uma diferença muito real entre a pureza física e a magnética, e é importante que o corpo seja totalmente lavado com esponja em água limpa, antes ou depois do banho. Após um banho comum a água está saturada com magnetismo impuro, e não estaremos magneticamente limpos até que nos tenhamos esfregado com esponja em água limpa. Uma prática útil adicional pode ser a de esfregar todo o corpo com as palmas das mãos após o banho, quando na maioria dos casos ele irá animar-se com a fricção e a reação que o processo produz.

Nas cidades grandes temos o hábito de entrar em metrôs, ônibus ou trens para cada trecho que temos de cumprir, privando o corpo de seu mais natural e benéfico exercício – caminhar. O exercício é essencial para o bem-estar do corpo, e onde a vida diária o proibir, algum exercício ou recreação saudável deveria ser empreendido.

O corpo ocidental comum requer oito horas de sono. Horas regulares de ir para a cama e acordar são essenciais à saúde perfeita do corpo.

Dormir ao ar livre é muito benéfico e onde isso não é possível, deve-se obter o máximo possível de ar fresco no quarto. Mais cobertas podem ser colocadas na cama a fim de aquecer-nos, e as janelas devem estar amplamente abertas.

Deve-se estar atento ao relaxamento antes de ir dormir; algumas pessoas caem no sono com seus músculos tão tensos que o corpo não se recupera apropriadamente.

Algumas vezes ajuda imaginar o corpo como sendo muito pesado e como se estivesse mergulhando, totalmente relaxado, na cama.

VII

Psiquismo

Não é exagero dizer que o amadorismo insensato em psiquismo é um dos maiores perigos que persegue o estudante de Ocultismo.

Por "psiquismo insensato" entende-se tentativas de desenvolver as faculdades psíquicas e comunicar-se com o invisível. Escrita automática, mesas em movimento, *ouija*[5], sessões espíritas e mediunismo são apenas a busca do sensacional, e são totalmente indignas de um sério aspirante à Vida Superior.

Podemos estar absolutamente seguros de que não obteremos contato com o Mestre, nem com qualquer outro instrutor digno do nome, através destes meios. *A verdade está dentro de nós!* E aí devemos encontrar o Mestre, o qual tão somente pode conduzir-nos ao longo do caminho do autodesenvolvimento e da iluminação. "Necessitas penetrar em ti mesmo para encontrar Deus em teu interior," disse o Mestre a seu discípulo. Devemos então esperar encontrá-Lo envolto em um fantasma?

[5] Instrumento que se movimenta indicando letras do alfabeto e palavras sobre uma mesa, enquanto os dedos de espiritualistas ou médiuns o tocam levemente, e que é empregado para receber mensagens, responder perguntas etc. (Nota Ed. Bras.)

Para nós estas coisas não são importantes, portanto, não devemos perder um momento sequer de nosso tempo com elas. Elas pertencem ao irreal de onde buscamos passar para o real.

Muitos de nós são médiuns e mesmo videntes, e por esta razão o psiquismo é, ao mesmo tempo, uma tentação e um perigo mortal. Uma vez que nos tenhamos aberto às influências externas invisíveis, é apenas com extrema dificuldade que podemos fechar a porta novamente. Mesmo então é com frequência tarde demais, e o mal já terá sido feito.

Há um certo fascínio nos estágios iniciais do contato com o invisível, mesmo que o comunicador seja um corpo astral parcialmente desintegrado, algum andarilho astral ou meramente as mentes subconscientes dos presentes. Como quase sempre é um destes três, o perigo destas práticas deveria ser claro. Os estudantes justificam estes métodos considerando-os como meios de investigação e iludindo-se com a ideia de que estão procurando a Verdade através da experiência pessoal.

A prostração e exaustão nervosas, a histeria, a mentalidade desequilibrada, o colapso moral, a obsessão e a sandice são alguns dos resultados do psiquismo insensato. Os Instrutores de Ocultismo repetidamente nos advertiram a seu respeito, e se formos sábios deveremos prestar atenção em seus conselhos.

Não há lugar em nosso estrênuo trabalho de autotreinamento para estas práticas; elas não fazem parte de modo algum deste trabalho e, além disso, podem tornar-se obstáculos, senão verdadeiros perigos; portanto, se aspiramos à saúde perfeita, devemos deixá-las absolutamente de lado.

VIII

Outros Fatores

Não cabe aqui entrar na consideração de muitos outros fatores, talvez de menor importância para a saúde, tais como o sábio uso da própria energia, o discernimento em relação à quantidade de trabalho, o vestuário, os calçados, as cores das roupas de baixo e exteriores, a decoração, a escolha da literatura, teatros, multidões, reuniões, ambiente em geral, emprego, e as mil e uma influências em nossa vida diária, que, percebidas ou não, estão continuamente afetando nossa saúde e eficiência.

Além disso tudo, encontra-se o importante fator de nossa atitude perante a vida. Este Universo é governado de acordo com uma lei eternamente beneficente, sábia e exata. Deus está desenvolvendo e seguindo um plano definido com relação a Seu Universo e tudo que ele contém, tudo que acontece em seu interior é permitido em Seu plano.

Se estamos doentes, tanto nossa enfermidade quanto nosso retorno à saúde são governados pela lei; adoecemos porque violamos um princípio na Natureza. Podemos ficar perfeitamente saudáveis tão logo os efeitos de tal violação sejam neutralizados e a perfeita harmonia e equilíbrio sejam restaurados. Deveríamos aceitar este fato e livrar-nos completamente de todo o senso de amargura ou revolta, colocando-nos em perfeita harmonia com a Natureza, com nosso ambiente e com toda a vida manifesta.

Devemos viver nossas vidas de acordo com o princípio fundamental da unidade, expressando o Divino em nosso interior através do serviço amoroso dedicado a todos que dele estão necessitando. Devemos viver para os outros e lutar para esquecer a nós mesmos, pois o autoesquecimento é a base de toda a espiritualidade e a chave para a saúde perfeita e a felicidade. Devemos depositar toda nossa confiança em Deus e em Sua perfeita Sabedoria; dar-Lhe nossa completa lealdade; então Sua Vida fluirá livremente através de nós e, com Sua Sabedoria, irá "poderosa e suavemente ordenar todas as coisas."

Resumindo, os principais fatores na saúde do aspirante à vida espiritual são:

Reto pensamento, reto sentimento, reta conduta. Por "reto" entende-se aquilo que constitui uma tentativa de expressão verdadeira e honesta dos ideais sobre os quais a vida está baseada. Reta alimentação e reto método de corrigir as doenças. Reta respiração, banho e exercício, reto controle do corpo.

Tudo isso pode ser expresso como reto viver.

Para concluir, o autor oferece uma meditação de cura pessoal destinada a restaurar o fluxo harmonioso da Vida Divina através de toda nossa natureza; esta Vida, que é a energia vital do Universo, está presente em abundância em todos os lugares; seu fluxo constante e contínuo através de nós mantém-nos em perfeita saúde e vigor. A doença é um sinal de que através da falta de harmonia interior estamos temporariamente excluídos deste fluxo universal da força que cura. Devemos alcançar um estado de harmonia e sintonia espiritual, mental, emocional e física, onde a cura Divina e o poder vitalizador fluam livremente através de nós e possamos ser inteiros.

Para atingir este resultado, o aspirante pode visualizar a Vida Divina como estando presente em todos os lugares e preenchendo o ar acima com sua radiante e dourada fulgência: ele pode encontrar-se com ela através de todo o poder de seu pensamento e vontade, aspirando ardentemente tornar-se uno com ela, incorporando-a em seu interior, de modo que ela possa fluir livremente através dele para auxiliar o mundo.

Então ele pode focalizar o pensamento em Deus como a Fonte de todo o poder e vida, buscar sentir Sua presença e perder-se Nela. Pode pensar sobre si como um cálice no qual a Vida Divina é vertida, e à medida que aspira ser uno com Deus, a taça aumentará de tamanho, crescerá sempre mais, em direção aos mundos internos, onde reside a Vida que Cura.

Então, que ele pense na Vida Divina em todo seu fulgente esplendor dourado, como derramando-se sobre ele em uma torrente de força vital, enchendo a taça até a borda e inundando toda sua natureza com seu poder. Após demorar-se por algum tempo em silenciosa compreensão, este poder pode ser direcionado para o exterior através de seu coração para curar as tristezas e os sofrimentos do mundo.

Esta meditação pode ser realizada regularmente com segurança, dia a dia, até mesmo muitas vezes ao dia, de preferência cedo de manhã, ao meio-dia e antes de deitar.

Aos poucos um fluxo automático da vida curativa será estabelecido no aspirante, que, desta forma, carregará com ele, onde quer que vá, um poder de cura e elevação de incalculável valor para o mundo. Assim, à medida que trilha sua Senda ascendente, pode curar e abençoar seus semelhantes e verdadeiramente dizer com Cristo, o grande Modelo da Vida Espiritual, "Se eu for elevado, trarei todos os homens a Mim".

Segunda Parte

Uma Visão Oculta da Saúde e da Doença

Comentário do Reverendo Oscar Kollestrom

Sempre tive o mais profundo interesse em todos os métodos para obter saúde, porque o processo curativo é um processo pelo qual as coisas são restituídas às condições planejadas pelo Grande Matemático do Universo – um processo no qual Seu plano ou padrão para um corpo é projetado de forma mais verdadeira nos mundos inferiores. É, portanto, parte do esquema evolucionário de Deus, e a condição do corpo é uma indicação do grau de harmonia e perfeição do Ego e de seu desenvolvimento e capacidade de projetar-se no Plano Físico – em resumo, de seu desenvolvimento avaliado segundo sua habilidade criativa prática. Desta forma, corpo físico mau ou frágil demonstra – assim como os defeitos morais ou mentais – um atraso no desenvolvimento. Este fato é visto como o resultado lógico da lei de causa e efeito, quando nos lembramos de que as más ações que produzem o *karma* indesejável, o qual resulta em má saúde, são elas próprias consequência de algum motivo ou característica desagradável dentro de nós; por isso a condição física resultante é uma manifestação direta do estado do próprio indivíduo. Essa consideração mostra-nos a grande sabedoria do Senhor Buda – que foi acertadamente qualificado como o homem mais sábio que já viveu – ao afirmar que o primeiro passo em direção à "Senda da Santidade" é ter um corpo físico saudável.

Contudo, não basta que o corpo tenha uma boa saúde em nível relacionado às funções animais, mas que possa refletir acuradamente as condições internas do homem e tornar-se um instrumento perfeito para a expressão do Eu. Vemos aqui o valor dos métodos ocultos de cura, uma vez que operam primordialmente a partir dos planos internos e induzem a um melhor fluxo da Vida Egoica, auxiliando, assim, a manifestação e o desenvolvimento da Alma. Desta forma, ainda mais do que outras curas, a cura oculta é antes de tudo um real crescimento do paciente nos planos superiores e, apenas secundariamente, um meio para a saúde física.

Observando a cura espiritual sob esta luz – como um meio de treinamento oculto para o progresso em direção ao Mestre de cada um – fiquei naturalmente muito interessado em conhecer o Sr. Hodson. Estudei com afinco seus métodos, tanto ao ser pessoalmente submetido ao seu tratamento quanto ao cooperar com ele na investigação psíquica de alguns casos e de vários outros assuntos. Desde o primeiro tratamento fiquei profundamente impressionado com a refinada efusão de poder de um dos Mestres de Sabedoria o qual manifestou-se através do Sr. Hodson. Seu tratamento foi de grande auxílio e desde então tive notícia de muitas pessoas que foram grandemente ajudadas por ele tanto de forma física quanto de outras maneiras; pois não apenas ele fez curas extraordinárias de todos os tipos como também existem muitos que dele já receberam valioso auxílio e orientação espiritual.

Seu sucesso deve-se não apenas a seu próprio caráter elevado, que o torna um canal puro e eficiente para a força de seu Mestre, mas também, e em larga medida, a seus aparentemente lúcidos e acurados poderes de clarividência, pois estes permitem fazer diagnósticos corretos e observar cuidadosamente o progresso de seus pacientes.

Parece-me que todos os videntes inexperientes são a ruína dos grupos esotéricos em geral. Eles acreditam naquilo que veem! E tudo isso sem os anos de rígido treinamento necessário para tal tipo de trabalho. Por esta razão, sempre sou extremamente cético em relação a qualquer tipo de psiquismo – sobretudo o meu.

Foi com esta disposição que me aproximei do trabalho do Sr. Hodson, mas, a despeito de minha prevenção *a priori*, impressionei-me muito com seus esmerados métodos científicos e com seus resultados a princípio tão acurados. Digo "a princípio" apenas devido a um preceito meu de nunca asseverar fato algum como definitivo simplesmente por tê-lo presenciado. Meu ceticismo deve-se aos meus próprios poderes e não por eu duvidar da precisão do trabalho do Sr. Hodson, trabalho este que considero particularmente preciso nos níveis etérico e astral, onde pude verificar muitos de seus resultados.

É possível que certos videntes não concordem inteiramente com tudo o que ele vê. Mas isso pode acontecer a qualquer um de nós que seja clarividente, pois nem todos veem da mesma maneira. Isso ocorre porque algumas vezes interpretamos a visão registrada nos órgãos da visão de forma diferente – o Eu explica a visão em termos variados para adequar-se a nossos variados cérebros; é como expressar a mesma verdade em diversas línguas. De fato, os Egos expressam-se de várias maneiras – através de *meios* muito diferentes – no Plano Físico.

Pois bem, este fato ilumina muito claramente a posição da cura espiritual ou magnética em suas relações com outros métodos de caráter mais físico. Embora isso mostre a necessidade de *todos* os sistemas de cura – prover um sistema para cada tipo – ainda assim as leis pelas quais os Egos são capazes de expressar-se no Plano Físico mostram a posição cada vez mais importante dos métodos ocultos.

O tipo de meio curativo adequado a qualquer caso particular é decidido a partir de três fatores:

(1) O grau evolucionário do indivíduo e

(2) Da raça na qual vive e

(3) A relação entre ambos.

A cada estágio na evolução e a cada mudança de seu *karma*, um Ego irá expressar-se em diferentes graus de perfeição e através de diferentes métodos. Além disso, cada raça desenvolve um aspecto específico do caráter e possui seus próprios métodos para manifestá-lo. Assim o Ego expressa vários de seus aspectos de maneiras diversas, que mudam continuamente à medida que o Ego e a raça na qual está encarnado em determinado momento se desenvolvem. Estes modos sempre cambiantes da Vida Egoica em efusão, bem como os canais utilizados para ela, resultam na necessidade de um grande número de diferentes técnicas físicas para sua recepção. Assim vemos a necessidade de todos os tipos de cura, e a necessidade de ilimitadas gradações, variações e misturas de tudo isso torna-se aparente através da consideração da relação entre o desenvolvimento do indivíduo e de sua raça. Por exemplo, à medida que a alma evolui, ela precisa de métodos de cura cada vez mais espirituais e refinados. Precisa de equilíbrio perfeito em seu interior, de uma dieta muito pura e de um ambiente físico refinado. Mas isso a torna excessivamente sensível e, se a civilização na qual o homem vive for desarmônica, suas vibrações mais grosseiras podem ser tão nocivas de forma a quase minarem a saúde física. Portanto, um meio-termo equilibrado deve ser alcançado, e o indivíduo deve ser alinhado ao mundo em que vive. Existe todo tipo de complicadas considerações a esse respeito, tal como o raio, o plano, o *chakra* no qual a consciência costuma estar etc. Veremos, assim, que se fazem necessários inúmeros métodos de cura, se quisermos contemplar todos os aspectos.

Muitos médicos e terapeutas contestam este ponto e pensam que seus próprios métodos são os únicos realmente bons. Talvez isso seja natural, porque, via de regra, um médico ou um terapeuta atrai o tipo de pessoa que vem preparada para acreditar e aceitar seus métodos, sendo, portanto, curada por eles. Por exemplo, será incomum um homem procurar um terapeuta espiritual se ele for um ferrenho materialista, ou ir a um osteopata, a menos que pense que este lhe fará algum bem. O fato de os métodos de qualquer médico ou terapeuta determinado serem para ele bons o suficiente a ponto de induzi-lo a adotar aquele tipo de tratamento geralmente indica que tal é o método através do qual o Ego do paciente pode expressar sua ideia de saúde. O fato de todos os métodos estabelecidos serem necessários sustenta-se por sua sobrevivência, pois se não produzissem quaisquer resultados, por certo ninguém insistiria com os mesmos. Mas, embora todos os métodos sejam necessários nesse sentido, ainda assim o advento da predominância de um novo raio, a evolução da raça e o nascimento de uma nova sub-raça necessariamente tornarão certos tipos de cura mais aplicáveis às carências da época, enquanto outros tornar-se-ão obsoletos. Estas condições cambiantes contribuem para a existência de corpos mais sensíveis, de pessoas no geral mais sensíveis, de tal forma que é mais fácil curar o tipo em questão através de métodos mais espirituais, combinados com processos que refinam e purificam, tais como uma dieta mais simples e uma vida mais próxima à Natureza.

Destas breves considerações sobre os modos pelos quais um Ego projeta seu padrão de um corpo físico idealmente saudável sobre o Plano Físico, aprendemos que, embora seja necessário que todo o tipo de método de cura seja empregado, ainda assim cada vez mais pessoas – particularmente aquelas que estão tentando tirar vantagem especial do atual grande impulso avante da vida evolucionária – considerarão essencial adotar meios de cura espiritual, combinados com simplificação da vida, especialmente da alimentação – em resumo, os métodos adotados pelo Sr. Hodson.

Considero uma de minhas principais funções na vida a de trazer a beleza e a harmonia para as vidas das pessoas no Plano Físico, e através de meios tais como estes, deveremos alcançar uma saúde física que tornará o corpo suficientemente sensível ou, ainda, uma expressão realmente bela do verdadeiro homem. Por isso, é com imenso prazer que associo meu nome ao de meu bom amigo Geoffrey Hodson neste excelente trabalho que ele vem desenvolvendo como um precursor da "Nova Era".

I

Uma Visão Geral Sobre o Assunto

As teorias aqui apresentadas foram alcançadas através do estudo clarividente de um amplo número de casos que estiveram sob meus cuidados durante os últimos dois anos; observei, tanto quanto meus poderes o permitiram, as condições dos corpos sutis e físicos dos pacientes, através dos vários estágios de tratamento, até que chegassem à recuperação ou ao fracasso, conforme o caso.

Um período de estudo mais longo e uma clarividência mais intensamente treinada e mais cientificamente aplicada fazem se necessários antes que se possa chegar a conclusões definitivas; portanto, como nos encontramos ainda no estágio de formulação e verificação de hipóteses, tudo que afirmo deve ser apenas considerado como sugestivo, são fatos apresentados a fim de que outros possam comparar seus resultados com os meus, e que um maior número de estudantes possa motivar-se a aplicar os profundos e elucidativos ensinamentos de Teosofia aos problemas da saúde e da doença.

A saúde perfeita é um estado que por certo desejam alcançar todos que aspiram ao serviço de seus semelhantes. Aquelas almas ainda mais ardentes, cujos sonhos incluem a escalada da curta, íngreme e escarpada senda conducente ao sublime ápice da montanha da evolução, em torno da qual o lento sendeiro espiral ascendente da vida comum persegue seu sinuoso caminho, verão que uma saúde física perfeita é um dos fatores essenciais para o sucesso de seus esforços.

Como leais seguidores dos verdadeiros fundadores da Sociedade Teosófica e de seus nobres servidores, a quem devemos todo o ensinamento moderno, os estudantes de Teosofia devem abraçar o ideal do serviço; existem muitos, de fato um exército sempre crescente de peregrinos, que, ao esforçarem-se por viver a vida oculta, esperam obter maiores poderes para servir em esferas de utilidade cada vez mais abrangentes.

Minha esperança é que este texto seja um ponto de partida para que possamos aumentar o conhecimento sobre nós mesmos e, portanto, nossa utilidade à humanidade.

Aqueles que estão observando as tendências do esforço e da investigação humana, em seus vários campos de atividade, concordarão talvez que o progresso do pensamento científico em muitas direções caracteriza-se por uma mudança de método.

Na Medicina, várias terapias conhecidas como cura natural, psicanálise, tratamentos com luz solar e luzes coloridas podem ser oferecidas como exemplos da adoção de novos métodos.

De um modo geral, pode-se dizer que na Medicina a mudança encontra-se na direção da tentativa de descobrir e tratar as reais causas da má saúde que jazem em instâncias muito mais profundas do que até aqui se supunha. Surgem escolas de pensamento que reivindicam ter investigado a má saúde desde os confins do corpo físico até os reinos do suposto "subconsciente". A mudança aparece também na tendência de aplicar os métodos e as forças da própria Natureza na cura das doenças, abandonando as medicações, soros e cirurgias e, sobretudo, as formas de tratamento que apenas suprem os sintomas da doença.

A saúde e a doença não podem ser compreendidas verdadeiramente apenas através do estudo do corpo físico; devemos investigar mais profundamente se quisermos descobrir as causas reais. Estamos sendo levados a concluir que as raízes da doença encontram-se profundamente relacionadas à natureza mental e emocional do homem; e existem aqueles que pensam ser isso verdadeiro não apenas em relação àquelas doenças que a despeito dos avanços da ciência médica continuam a causar muitas mortes, desconcertando nossos cientistas mais sábios, mas também de cada desvio da saúde perfeita, por menor que seja.

Como podemos definir saúde a fim de estabelecermos os limites e a orientação de nosso estudo?

Sugiro que consideremos a saúde como aquela condição na qual há um fluxo desimpedido da força vital através de toda a Natureza, o estado em que o processo de absorção, assimilação e eliminação está em perfeita manifestação no Plano Físico e em outros.

Com essa definição desejo enfatizar a ideia da existência, na Natureza, de um abundante fluxo de força vital ou vitalidade; e, se houver o desejo de manter saudável e eficiente todo microcosmo humano, esta energia abundante deve ser absorvida, assimilada, expressa como função e finalmente eliminada após ter realizado seu trabalho de vitalizar todo o sistema. Esta energia vitalizadora existe em todos os planos e, se quisermos manter a saúde, os processos acima referidos devem acontecer de modo completo, de acordo com o grau de evolução, em todos os corpos nos quais a consciência está operando. Se isso for verdade, então, a má saúde pode ser atribuída a uma interferência no fluxo da vida através dos corpos sutis e físicos.

A experiência consoante ao acima exposto tende a confirmar esta teoria da saúde, e o esforço de tratar a má saúde através de métodos nela baseados tem tido considerável sucesso.

O método empregado no diagnóstico foi o exame cuidadoso das condições dos corpos etérico, astral e mental (após estudarem-se os sintomas e o histórico físicos), com vistas a descobrir em qual destes se encontra a obstrução. O resultado de tal diagnóstico e a descrição das condições que, conforme observei, acompanham a má saúde, são tratadas na Parte II.

Em termos gerais, os estados mental e emocional podem ser divididos em duas classes; aqueles que resultam em expansão, expressão e felicidade e aqueles que produzem limitação, inibição e infelicidade, sendo estes os estados de saúde e doença, respectivamente.

Na primeira classe podem ser colocados a completa abertura mental, o altruísmo e o amor e, na segunda, o preconceito, o egoísmo e todas as características mentais e emocionais negativas que daí resultam. Vários períodos de tempo podem transcorrer antes que o estado psicológico manifeste-se no corpo físico, mas lá onde reinam as qualidades mencionadas em primeiro lugar, encontraremos boa saúde; onde as segundas prevalecem, encontraremos má saúde, e há aqueles que acreditam que cada tipo possui seu correspondente em uma forma específica de doença e em um órgão determinado. Foram elaboradas tabelas de tais correspondências e elas podem ser estudadas no texto da Sra. E. A. Gardner, *Healing Methods,*

Old and News (*Métodos de Cura, Antigos e Novos*).

Tomemos em primeiro lugar os estados mentais. Recentemente um grupo de estudantes realizou experiências nas quais um membro colocava-se em diferentes estados mentais, através de um esforço deliberado da vontade (uma habilidade adquirida pela prática da meditação). Dois clarividentes observaram os resultados e fizeram anotações em separado.

Uma disposição escolhida para a experiência foi a de depressão profunda, um tipo de pensamento que rapidamente afeta o corpo astral e logo após o corpo etérico; à medida que o estado depressivo aprofundava-se, a aura da saúde parecia curvar-se, descair e via-se a circulação do *prāna* obstruída. A este pensamento seguiu-se, então, um estado de serenidade normal; depois, um de humor – a partir do relato de uma história engraçada – e, finalmente, seguiu-se um esforço para exaltar a mente e expandir a consciência. O efeito sobre o corpo etérico foi o mais aparente, a aura da saúde recuperou-se rapidamente e elevou-se a uma condição de grande atividade, enquanto a circulação do *prāna* era aumentada, sobretudo no fluxo para o cérebro.

Se este resultado pode ser obtido através de um mero exercício temporário do poder da vontade, usado de forma experimental, pareceria óbvio que estados mentais, prolongados até tornarem-se um hábito, pudessem produzir efeitos de caráter definitivo no corpo físico denso com o correr do tempo.

As experiências mostraram-nos que inconsistências mentais, fortes preconceitos e miopia mental, erros de pensamento que colocam a pessoa em desarmonia com a verdade, divergência marcante entre ideais mentalmente concebidos e hábitos diários de pensamento e de vida são todos vistos acompanhando diferentes formas de má saúde física e, em muitos casos, aparecem como causas ativas de enfermidade.

Na esfera da emoção, os mesmos princípios se aplicam; emoções reprimidas já são reconhecidas como causas de má saúde. Este reconhecimento está de acordo com a definição de saúde que sugeri. A repressão de qualquer tipo significa um bloqueio no fluxo da força vital, e isso significa má saúde. Analogamente, emoções negativas, tais como medo, depressão, preocupação, ansiedade, ciúme, ódio são fontes fecundas de problemas no nível físico, ao passo que a excessiva entrega a emoções muito permissivas pode também produzir má saúde.

Antigamente a pessoa que curava, o sacerdote e o professor eram uma e a mesma pessoa, e é uma pena que não se possa mais confiar aos homens estas funções combinadas. A tarefa daquele que cura muitas vezes guarda grande semelhança à do sacerdote ou confessor, pois todos estes defeitos mentais e emocionais devem ser corrigidos e devem ser admitidos e encarados antes que a cura possa ser feita. O pensar errado deve ser corrigido, o pensador, colocado em harmonia com a verdade, os preconceitos devem se tornar especificados de forma a serem vistos e descartados; as emoções reprimidas devem ser liberadas e, se não puderem ser expressas, um método de sublimação ou transmutação deve ser descoberto; o medo, a preocupação e a depressão devem desaparecer, sendo toda a natureza interior colocada em harmonia com a verdade e com a lei da vida, que é o amor.

Deste ponto de vista, o propósito da má saúde e da dor é o de ensinar-nos a evitar o erro; a dor pode ser considerada como um erro subjetivo tornado objetivo a fim de que seja reconhecido e corrigido. Se isso é verdade, então, drogar os nervos até a insensibilidade é prestar um desserviço para a alma que está evoluindo através de seu uso. Isso não significa que não se deva fazer todo o esforço para erradicar a dor e salvar do sofrimento, mas sugere, isto sim, um método de fazê-lo que tenha a probabilidade de ser permanente, ao invés de drogar continuamente uma doença ou dor até que os sintomas sejam temporariamente suprimidos.

Se cada efeito deve ter uma causa, assim também a saúde ou a má saúde do corpo é *kármica* – tenha sido a causa iniciada há apenas um minuto ou pertença ela a uma vida anterior. É óbvio que todas as enfermidades e doenças congênitas são resultado de ações produzidas em vidas passadas e, para um entendimento completo de nosso tema, precisaríamos do poder para estudar as encarnações anteriores dos pacientes. Conquanto isso não seja ainda parte do poder do estudante médio, vislumbres e mesmo visões detalhadas das vidas passadas, através da meditação séria, são obteníveis. Muitas ideias interessantes e sugestivas surgem de tal esforço, mas, em sendo nosso conhecimento presente tão limitado, é mais sábio não falar muito a respeito.

Muitas das dificuldades mentais e emocionais, às quais me referi anteriormente, são problemas deixados sem solução em uma vida prévia e trazidos para serem tratados uma vez mais nesta vida. São meios pelos quais a alma progride, e este progresso pode ser auxiliado ou obstruído em grau determinado pelo tratamento conferido ao corpo físico, na saúde ou na doença, por aqueles a cujos cuidados ele é deixado.

II

Os Corpos Sutis na Saúde e na Doença

Os corpos sutis aos quais dedicamos especial atenção são o mental, o astral e o etérico; descrições dos mesmos podem ser obtidas nos manuais de Teosofia e no livro: *O Homem Visível e Invisível.* Nas ilustrações ali apresentadas, não se tenta representar os centros de forças ou *chakras*, nos corpos sutis; estes, contudo, têm um papel proeminente na saúde do corpo físico, sobretudo aqueles centros específicos no duplo etérico que correspondem aos plexos solar e esplênico.

Estes corpos são construídos durante a descida da consciência do nível causal para o físico; o tipo de matéria empregada e sua disposição no corpo são amplamente governados pelo *karma*. Quando o impulso é dado pelo Ego, que, por sua vez, vivifica o átomo permanente de cada plano, são emitidas séries de vibrações; estas encontravam-se adormecidas no átomo permanente, implantadas ali pelas múltiplas experiências de vidas passadas. O veículo, em cada nível, é composto exclusivamente da matéria que responde às vibrações emitidas, de tal forma que o corpo esteja exatamente ajustado ao *karma* do indivíduo.

Iniciamos o novo ciclo de vida com um conjunto de veículos que são o produto de nosso próprio passado; os materiais corretos são atraídos aos corpos sutis, e o corpo físico denso é ajustado para adequar-se, tanto quanto possível, às nossas necessidades *kármicas* e evolucionárias. Isso é realizado pela sabedoria dos Senhores do *Karma*, que selecionam para nós os pais que irão nos dar exatamente aquele corpo necessário ao nosso presente desenvolvimento.

As funções dos vários corpos são bem conhecidas dos estudantes teosóficos. Aqui preciso apenas referir-me ao duplo etérico do corpo físico. Este age como um veículo para o *prāna*, conservando-o e provendo os meios pelos quais ele é conduzido através de todo o corpo em seu trabalho de vitalização.

Este *prāna* é absorvido através do centro esplênico, onde é especializado para adequar-se à vibração pessoal, sendo, então, dividido em seus sete componentes, cada um com sua cor peculiar. Depois é enviado para vitalizar as diferentes partes do corpo; é também assimilado com a respiração e com os alimentos. Após seu uso, é liberado através da pele em diversos veios. Estas descargas formam o que é chamado de aura da saúde.

No Plano Físico, a vitalidade é provavelmente o fator mais importante na saúde; uma deficiência no fornecimento de vitalidade tende a criar um círculo vicioso de causa e efeito, algo difícil de romper.

Como exemplo disso pode-se citar a forma de debilidade nervosa na qual a indigestão constitui um fator. A vitalidade é diminuída em todo o corpo por uma ou outra causa; isso significa um fluxo insuficiente do raio verde para os órgãos digestivos. Privados da quantidade total de *prāna*, estes órgãos são incapazes de realizar suas funções e não extraem, integralmente, todo o nutrimento e vitalidade dos alimentos, provocando, ainda, uma maior debilidade de todo o sistema. Por consequência, o sistema não pode absorver e assimilar a vitalidade que a princípio deveria receber através dos outros canais.

Este círculo vicioso deve ser rompido para que o corpo possa ser restituído à saúde.

Os quatro fatores que parecem ser de importância primária para a saúde do corpo físico são:

(1) A condição de cada um dos corpos sutis.

(2) A relação destes entre si e também entre eles e o corpo físico.

(3) A relação do Ego com os veículos.

(4) A relação de cada um com seu ambiente em seu próprio plano.

Tratarei mais tarde do segundo e terceiro fatores e iniciarei considerando o primeiro e o quarto.

Ao observarmos, em primeiro lugar, a condição do corpo mental, vemos que uma das principais causas da má saúde física é uma condição inelástica da mente. A mentalidade fixa, inflexível, que tenha se tornado firmemente estabelecida em um estado rígido e conservador, resistente a novas ideias e percepções, limita o fluxo da força vital que é enviado pelo Ego para seus veículos. É provável que isso resulte em algum tipo de enfermidade, como a artrite reumática, na qual o corpo físico tende a tornar-se tão rigidamente estabelecido e ossificado quanto a mente.

O preconceito é outra fonte de má saúde mental. Áreas no interior do corpo mental tendem a estagnar-se, cessando de participar da circulação geral da matéria do corpo. Elas se apresentam como zonas de cores escuras, variando no grau de densidade, obscuridade e tamanho. Algumas vezes o processo de enrijecimento é tal que chega a produzir uma protuberância, como uma grande verruga. Se o tipo de pensamento, que se torna fixo até o ponto da obsessão mental, tiver uma correspondência no nível emocional, então, uma condição análoga irá gradualmente ser gerada no corpo astral, como poderemos ver quando o analisarmos.

Hábitos de pensamento que não estão em harmonia com a verdade (conforme reconhecida pelo Ego, de acordo com seu desenvolvimento) produzem má saúde no corpo mental; uma fricção contínua parece ser causada pelo pensamento incorreto, se nele se persistir através dos anos.

Uma parte fundamental do processo de cura é fazer o paciente largar os hábitos antigos ou "sulcos", formados pelo pensamento, e encarar a verdade como ele a conhece, levando sua vida em conformidade com seu conhecimento.

Este princípio pode ser aplicado a todos os tipos de má saúde mental, desde equivocados hábitos mentais de menor importância, passando por todos os estágios de fixação e ortodoxia, até a verdadeira sandice – onde o corpo mental pode ter cessado de funcionar como um veículo para a expressão da consciência.

Em nosso presente estágio de desenvolvimento, encontramos mais desajustes no corpo astral do que no mental, uma vez que a consciência do maior número de pessoas está ainda focalizada nas emoções. Aqui se aplica o mesmo princípio usado para o corpo mental, isto é, o de que a fixação em um hábito contrário à verdade é uma forte causa de problemas.

O corpo astral está sujeito também a danos por repressão e por excesso. Sob estes dois aspectos podem ser classificadas muitas das desordens emocionais do homem.

A emoção negativa, na qual se incorre continuamente, produzirá sérios resultados astrais e físicos. A preocupação, a depressão e o medo são os três exemplos mais comumente encontrados. Aparecem como zonas de um cinza opaco amarronzado no corpo astral; se, por exemplo, a depressão está relacionada à condição de qualquer parte específica do corpo físico, então a má coloração aparecerá naquela região da aura. Não é raro que todo o corpo esteja envolvido em um manto cinza amarronzado, e o efeito disso sobre a saúde física é muito sério; o corpo físico é, então, quase que inteiramente privado daquelas correntes de força vitalizadora que deveriam derramar-se nele através dos corpos mental e astral.

Ao considerar as anormalidades emocionais, enquanto relacionadas à saúde física, seus efeitos sobre os vários *chakras* ou centros de força devem ser levados em conta.

Como todos os estudantes sabem, estes são sete em número e estão situados como segue:

CHAKRAS	PÉTALAS	PLANETAS E SIGNOS
(1) *Mūladhāra* (sacro)	4	Saturno ou Capricórnio
(2) *Svādhisthana* (esplênico)	6	Júpiter ou Sagitário
(3) *Manipūra* (umbigo)	10	Marte ou Escorpião
(4) *Anāhata* (cardíaco)	12	Vênus ou Libra
(5) *Vishuddha* (garganta)	16	Mercúrio ou Virgem
(6-7) *Ājñā* (corpo pituitário e glândula pineal)	48+48	Lua ou Câncer Sol ou Leão
(7) *Brahmarandhra* (fontanela anterior)	960 (+12)	Urano ou Netuno (?)

O número de pétalas e os signos planetários são oferecidos para aqueles que possam estar interessados.

Onde houver anormalidade no uso da força criativa, seja ela na forma de repressão, excesso ou procedimentos errôneos, o *chakra Mūladhāra* geralmente é afetado e, através dele, os nervos e a coluna vertebral, nas regiões sacra e lombar. O corpo astral apresenta então, naquela área, condições que diferem de acordo com um dos três tipos de anormalidade presente. Em quase todos os casos há uma zona de vívido vermelho em vários graus de densidade e tamanho; a aura é algumas vezes ampliada por uma "faixa" desta cor, e onde estiverem sendo praticados procedimentos errôneos e anormalidades sexuais, toda a metade inferior do corpo astral pode ser afetada; a circulação geral da matéria do corpo é perturbada por uma circulação secundária na metade inferior, que pode criar uma "vida" separada própria. Formas-pensamento muito indesejáveis costumam apresentar-se, bem como certos elementais, ambos tendendo a intensificar a condição e a aumentar a dificuldade.

Em casos onde a expressão física tenha sido negada, mas a mente e as emoções tenham sido ativas, as forças do corpo astral parecem voltar-se sobre si mesmas, como se a direção do fluxo, que deveria ser para fora, fosse mudada. A força da vida desde cima é impedida em seu fluxo por estas condições, e o duplo etérico sofre a falta de *prāna* superior em toda a região pélvica; os nervos, portanto, são afetados, e é a partir do *chakra Mūladhāra* no astro-etérico e dos nervos sacros no físico que os efeitos parecem surgir. Problemas adicionais são causados algumas vezes pela atividade incomum do próprio *chakra Mūladhāra*; sua força, fluindo nos centros geradores físicos, age como um estimulante contínuo para os nervos envolvidos.

Não estou particularmente preocupado, neste livro, com a questão da cura, mas esta dificuldade é tão predominante, e os estudantes, em seu esforço para purificar e aperfeiçoar sua vida emocional, aplicam com tanta frequência métodos calculados para estabelecer algumas das condições referidas ao invés de erradicá-las, que talvez seja útil fazer uma sugestão para o autoauxílio em casos do tipo. Em minha opinião, a repressão não somente é um método equivocado de autopurificação, como também pode ser seguida de sérios resultados astrais e físicos.

O poder criativo é uma força poderosa, um reflexo no homem do poder criativo do *Logos*, e pode ser tratado de uma destas três maneiras: pode ser expresso de modo normal ou anormal; pode ser reprimido; ou pode ser transmutado e sublimado.

Se é expresso de modo normal e legítimo, não afetará a saúde. Se reprimido, sem tentativa alguma para transmutá-lo, afetará a saúde com o tempo. Se sublimado, irá suprir uma força poderosa e potente ao indivíduo, que aumentará seu poder de serviço a um grau quase ilimitado, fornecendo-lhe um dos meios pelos quais poderá entrar na Senda e encontrar seu caminho para o adeptado.

O estudante deve estar perfeitamente certo de que está pronto para a tentativa e preparado para privar-se das alegrias comuns do homem do mundo, trocando-as por aquelas da vida oculta. Esta decisão deve ser sincera e inabalável; meias-medidas ou uma atitude indecisa resultarão em fracasso senão em desastre. O ideal da perfeita pureza deve ser erigido em sua consciência, tornando-se o supremo propósito de seus esforços. Deve exercer um rígido e contínuo controle tanto sobre a mente quanto sobre as emoções, até que uma tendência para a pureza e o celibato, e o afastamento da procriação física sejam definitivamente estabelecidos – então é provável que ele obtenha sucesso na difícil tarefa da sublimação.

Se a onda de energia criativa no homem deve ser sublimada, deve ser direcionada para cima. Esta me parece ser a chave de todo o problema. A força, que pode ser entendida como centrada no *chakra Mūladhāra*, deve operar diretamente para cima na coluna e para fora no alto da cabeça.

A meditação deve ser empreendida com inquestionável perseverança, a fim de se usar a vontade para retirar toda a força dos órgãos de reprodução, conduzindo-a ao longo da coluna vertebral, em direção ascendente. Além disso, sempre que a urgência criativa for sentida, a vontade deve ser imediata e instantaneamente aplicada na direção sugerida; isso deve ser mantido, com determinação inflexível, até que a direção natural do fluxo seja para cima e não para baixo, após o que virá cada vez mais para o âmbito do controle consciente da vontade e começará a ser usada para os propósitos do trabalho e desenvolvimento ocultos.

Voltando à consideração das causas anormais de má saúde, a prática de magia, de tipo cinzenta ou negra, em vidas passadas, muitas vezes parece ser responsável por má saúde *kármica* no presente. Isso costuma manifestar-se em problemas de coluna – possivelmente porque, na magia, certas forças empregadas residem na coluna.

Onde infligiu-se grande crueldade a outros no passado, o efeito parece se dar nos ossos e juntas e, nos casos em que isso estava aliado à magia, a coluna vertebral é muitas vezes a sede da reação *kármica*.

Um interessante exemplo de *karma* de magia foi observado, no qual determinada forma de música sempre produzia claustrofobia.

O sujeito sentia uma forte perturbação na região do plexo solar, uma intensa ânsia para sair para o ar livre e um indescritível medo de um desastre. As investigações mostraram uma condição muito má de desordem do plexo solar astral e indicaram o mau uso das forças personificadas pelo som, sobretudo da música de caráter *mântrico*; é provável que em uma vida prévia a música tenha sido empregada para elevar a consciência, com um motivo que não era puro; um súbito sucesso nesta prática liberou a consciência, que se tornou presa das dificuldades e perigos do Plano Astral, tendo o corpo perecido como consequência. A claustrofobia foi o resultado *kármico* do desastre.

Para seguir a sugestão que estou prestes a oferecer, é necessário tornar clara uma das diferenças entre o corpo astral e o físico.

No corpo físico existem pelo menos três sistemas de circulação já descobertos, isto é, o do sangue, o linfático e o da vitalidade. No astral, toda a matéria de que é formado circula por todo o corpo, sendo por sua vez vitalizada e especializada através de cada um dos centros de força à medida que os atravessa.

A epilepsia também aparece como uma doença que tem suas raízes na região mental-astral, e suas causas estão ligadas a práticas mágico-sexuais no passado remoto.

Um esforço para estudá-la mostrou, em alguns casos, a presença de uma área não saudável no corpo astral, devido à presença do que pode ser descrito como uma grande cicatriz; esta é algumas vezes de cerca de quinze centímetros de diâmetro e consiste de matéria astral "morta". Quando, no curso da circulação, esta zona entra na região do cérebro ou logo acima dela, parece cortar a linha de conexão entre a consciência e o cérebro; o fenômeno faz lembrar uma mancha solar. Este processo pode ser súbito ou gradual, e a natureza do ataque epilético corresponde a ele. É provável que o elemental físico, sentindo a súbita ruptura, faça violentos esforços para manter-se, causando assim as convulsões que costumam acompanhar os ataques.

Observou-se que o efeito de repetidos pensamentos e emoções negativas produz tumores no corpo físico. Casos de tumores, suspeitos de serem cancerígenos, quando examinados de forma clarividente, mostraram a condição do corpo astral nas proximidades do tumor como sendo similar àquela descrita com referência à epilepsia, mas com a diferença de que não era na circulação.

As peculiaridades observadas em dois "tumores" astrais determinados foram as de que estes não participavam na circulação geral, mas permaneciam relativamente estacionados sobre a região do tórax físico, que era a parte afetada.

O processo pelo qual o tumor físico se formou, e que eu gostaria de descrever em detalhes, parece ter sido como segue:

Uma sensação de dor era sentida no seio, possivelmente devido a alguma inflamação glandular. Como a paciente havia tido o outro seio operado de um câncer, seus pensamentos imediatamente voltavam-se para aquela direção, e o medo de que isso se repetisse entrou em sua mente, aliado à ansiedade generalizada, nervosismo e depressão – todos sentimentos centrados sobre o seio.

O efeito primário disso aconteceu no nível astro-mental, onde produziu uma coloração cinza opaca na aura, sobre o peito; gradualmente isso tornou-se mais concentrado e definido, formando, no corpo astral, o que pode ser descrito como uma ilha, consistindo de matéria astral vibrando em uma velocidade inferior à do restante do corpo, devendo-se sua lentidão ao persistente temor e depressão. Em um dos casos, esta condição complicou-se ainda mais com a raiva e a amargura em relação à doença. O restante da matéria do corpo astral circulava em torno das "praias" desta "ilha" que se tornava mais densa e mais doente a cada dia; atingiu-se, então, um estágio em que o duplo etérico do peito foi afetado pela "proximidade", e também começou a densificar-se. Isso continuou até que aquele cessou de atuar como um veículo para o *prāna*, que fluía em torno e não através do mesmo e, por consequência, os nervos e tecidos foram privados de vitalidade, e condições favoráveis para um tumor mórbido estavam lançadas.

Naturalmente tudo isso aumentou a dor, de tal forma que teve início um círculo vicioso, no qual a dor causava medo, e o medo aumentava as "ilhas" astrais e etéricas, estas, novamente, aumentando a dor.

Parece provável que se a operação prescrita tivesse sido realizada, a condição teria se repetido; era essencial que neste caso bem como no da epilepsia, os corpos astral e etérico fossem limpos e, na verdade, tão logo isso foi feito, os sintomas físicos desapareceram inteiramente.

Também foram feitos esforços para estudar a arteriosclerose e, muitas vezes, havia uma condição muito nebulosa, para não dizer turva, do corpo astral. É possível que, à medida que a força vital desce através do astral para o físico, ela se torne contaminada por esta condição e carregue consigo as vibrações deletérias que obstruem o sistema. Isso, por sua vez, pode afetar as artérias de uma maneira correspondente, fazendo com que sejam reduzidas em tamanho por deposições em suas paredes internas.

É bastante possível que condições similares àquelas descritas possam ser causadas por influências extrínsecas à pessoa em questão; o ambiente é um fator poderoso na saúde e na doença e, ainda que a inclinação *kármica* deva primeiro estar presente, não tenho dúvida de que uma pessoa pode contribuir muito concretamente para a má saúde de outra. Lembramos, com relação a isso, da antiga história de um homem que sofria de neurastenia, com tendências suicidas; o médico examinou-o, e a esposa perguntou-lhe ansiosamente se algo poderia ser feito. "Sim, naturalmente," disse o médico: "Receitarei um forte sonífero imediatamente." "Quando devo dar isso a ele?", perguntou a esposa. "Não o dê a ele," disse o doutor; "tome-o você mesma".

Esta história, ainda que um pouco rude, é um excelente exemplo de um fato que todo médico logo reconhece no curso de sua prática, ou seja, que muitas vezes as pessoas que estão fazendo o maior mal, fazem-no com motivos elevados. Em seu intenso desejo de defender e proteger alguém amado, circundam-no continuamente com uma pesada nuvem de pensamentos de temor e ansiedade. Em alguns casos, parecem projetar uma espécie de concha de seu próprio magnetismo físico em redor do paciente, prendendo-o como se estivesse em uma prisão; pode ser de amor, mas ainda assim será uma prisão. Cheguei à conclusão de que algumas vezes filhos e filhas já bastante crescidos, ainda estão, para todos os objetivos e propósitos, no útero de suas mães.

III

Doenças Mentais

Os diagramas que seguem podem auxiliar na compreensão de nosso tema do ponto de vista teosófico.

No Diagrama A, os dois triângulos representam o Ego e a personalidade respectivamente. As diferentes relações, de acordo com as quais estão representadas, referem-se a quatro estágios de desenvolvimento. A primeira figura pode ser entendida como mostrando a condição do selvagem, na qual a relação não é ativa, existindo apenas simbolicamente, pois o inferior é um reflexo do superior. A despeito dessa aparente separação, entretanto, o selvagem pode ter perfeita saúde, se o eu inferior for um reflexo verdadeiro e não distorcido do superior. A segunda figura representa o homem espiritual, com um elo já formado entre o Eu Superior e o inferior. O terceiro, o Iniciado (onde as bases estão unidas), e o quarto, o Adepto (onde os dois triângulos estão perfeitamente ajustados e entrelaçados).

Condições de saúde perfeita estariam presentes nas últimas três, porque o inferior não mostra qualquer distorção e está relacionando-se de forma correta com o superior, de acordo com o grau de desenvolvimento. Pode--se acrescentar que se houvesse alguma distorção, a má saúde resultante seria proporcional ao grau de desenvolvimento. O selvagem, por exemplo, pode expressar, com segurança, sua natureza astral, representada pelo ângulo esquerdo do triângulo que está apontando para baixo, a um grau que seria muito prejudicial no homem espiritual e totalmente desastroso no Iniciado.

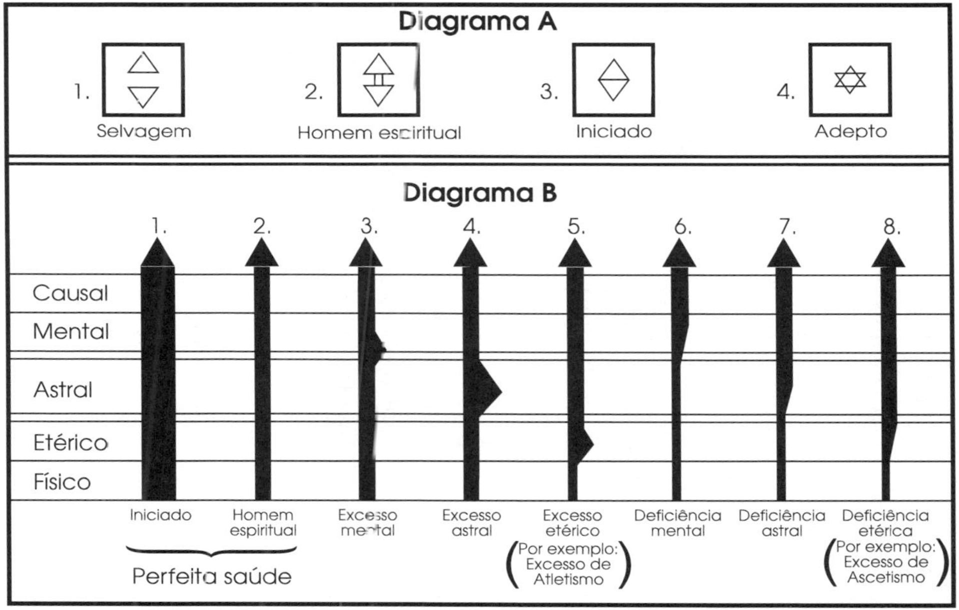
Diagrama A
1.
Selvagem
2.
Homem espiritual
3.
Iniciado
4.
Adepto
Diagrama B
1.
2.
3.
4.
5.
6.
7.
8.
Causal
Mental
Astral
Etérico
Físico
Iniciado
Homem espiritual
Excesso mental
Excesso astral
Excesso etérico
(Por exemplo: Excesso de Atletismo)
Deficiência mental
Deficiência astral
Deficiência etérica
(Por exemplo: Excesso de Ascetismo)
Perfeita saúde

Na segunda série de figuras, os Planos Mental superior, Mental inferior, Astral, Etérico e Físico sólido são representados por espaços horizontais entre as linhas. Os triângulos representam o Ego; a condição da consciência expressa através dos veículos é simbolizada pela largura das faixas verticais.

A primeira e a segunda figuras representam um estado de perfeita saúde; o Ego é expresso igualmente em todos os veículos e, por consequência, o "fluxo" é perfeito. A Figura 1 mostra perfeita saúde em um estágio avançado de desenvolvimento, quando o Ego está muito plenamente expresso na personalidade.

Em todos os demais casos, o "fluxo" é imperfeito no nível físico, devido à expressão excessiva ou insuficiente em um ou outro plano. A largura da faixa, ao deixar a base do triângulo que representa o Ego, simboliza a quantidade normal de expressão de acordo com o grau de desenvolvimento; seu estreitamento na parte inferior representa o efeito da distorção.

As Figuras 3 e 6 representam expressão mental excessiva e deficiente.

As Figuras 4 e 7 representam expressão astral excessiva e deficiente. Pode-se também desenhar figuras para representar o desenvolvimento mental-astral excessivo e deficiente.

A Figura 8 mostra apenas uma dificuldade etérica, tal como uma vitalidade muito baixa, e é incluída como uma condição possível, embora ainda não a tenha encontrado; quase sempre, em minha experiência, existe uma causa contribuinte nos corpos superiores. Estas figuras representam todas as formas possíveis de má saúde e podem ser aplicadas a todas as condições.

Devemos agora prosseguir no exame de certas doenças mentais com o subsídio dos diagramas expostos.

Uma forma muito comum de problema mental é o das alucinações, que podem tomar a forma de ilusões auditivas, visuais ou mentais.

No caso das alucinações auditivas, o sujeito ouve vozes, por vezes uma apenas e, em outras, muitas. Isso pode ocorrer em virtude da presença de entidades obsessoras – uma condição que considerarei mais tarde – mas muitas vezes houve casos em que a observação clarividente não conseguiu detectar qualquer agente externo de nenhum tipo. Observações dos corpos sutis em tais casos mostram uma interrupção no fluxo da consciência, seja no nível astral ou entre o astral e o mental. Em ambas condições, os impulsos da consciência alcançam o cérebro por uma via indireta; outras vezes é através de um corpo astral projetado; algumas vezes pode haver uma linha de conexão que trabalha de modo imperfeito entre a consciência e o cérebro, apenas o suficiente para fazer o corpo "funcionar", mas não o suficiente para dar-lhe inteligência normal.

Os impulsos do Ego podem não conseguir alcançar o astral, se sua condição for tal que o torne incapaz de transmiti-los, ou pode haver *flashes* intermitentes, que alcançam o cérebro *via* o astral. Em qualquer dos casos, este veículo encontra-se tão fora de alinhamento e fora do controle do Ego, que os impulsos parecem, para o cérebro afetado, proceder de *fora* e podem até ser ouvidos como som.

A causa de tal condição poderia ser encontrada em uma ou várias vidas anteriores, do tipo expresso pela Figura 4. Por exemplo, excessiva sexualidade, embriaguez, gula ou outros abusos emocionais produziriam indevido desenvolvimento de certas partes e características do corpo astral, com um correspondente subdesenvolvimento do mental; o etérico e o físico denso também seriam afetados, uma vez que a expressão do excesso ocorreria através de um ou de outro dos sentidos físicos.

O resultado total seria um conjunto de corpos em mau relacionamento um com o outro; um corpo mental subdesenvolvido; o desenvolvimento de um corpo astral irregular e distorcido, com um forte elemental astral muito "ativo"; um etérico pobre, deficiente em vitalidade; e, finalmente, um cérebro fraco. A menos que tal condição seja curada, é provável que ocorra amolecimento do cérebro por falta de correntes vitalizadoras de *prāna* do Ego.

Um caso interessante foi o de um homem de sessenta anos, que se acreditava inteiramente só na vastidão do espaço e que estava convencido de que todo o mundo, revelado para ele por seus sentidos, era uma gigantesca fraude, da qual ele era uma vítima. Mesmo seu próprio corpo parecia algumas vezes não lhe pertencer, não ser real, e ele se submetia a um profundo sofrimento psíquico por consequência. Em seu caso o Ego era claramente incapaz de ir além do corpo mental, no qual o homem havia concentrado a maior parte de suas energias; seu corpo astral estava fora de controle e, em seu repúdio a ele, deliberadamente vivia em sua mente. Trabalho e preocupação em excesso produziram neurastenia aguda, da qual seguiram-se os sintomas que descrevi e que ele chamava de "despersonalização".

Este caso caberia na Figura 3, mas a classificação precisaria ser modificada, porque o corpo astral era muito forte e não havia sido controlado em seus aspectos inferiores, em vidas passadas; o método sempre foi o de ignorá-lo e viver na mente – era primitivo em comparação com o mental. Impulsos do Ego chegavam através do mental e provavelmente atravessavam o astral atômico e o físico, enquanto o corpo físico encontrava-se em boa saúde, e o sistema cérebro-espinhal era bem suprido com *prāna*; mas quando as más condições surgiram, o cérebro foi deliberadamente privado do aspecto de *sentimento* da consciência. Apenas conceitos puramente mentais, em toda sua fria clareza, podiam alcançar o paciente e produziam um senso de total isolamento no vasto espaço cósmico.

Os impulsos Egoicos podiam ser vistos em choque contra o corpo astral, mas não podiam penetrá-lo; perdiam força e eram "borrifados" ao redor dos contornos exteriores, porções dos mesmos penetrando e produzindo as alucinações auditivas, que também estavam presentes neste caso.

Casos de imbecilidade e estupidez anormais devem ser classificados como doenças mentais, ainda que a causa não necessariamente esteja no corpo mental. Um caso (onde o mal era de origem pré-natal, em virtude de um severo choque da mãe no oitavo mês de gravidez), mostrou os sintomas como sendo inteiramente etéricos. O duplo etérico do cérebro fora deslocado do ajuste com sua contraparte densa, e, como o duplo etérico é o último elo da cadeia de veículos através do qual a consciência usa o cérebro, o Ego tinha grande dificuldade em fazer passar qualquer inteligência. Se isso tivesse sido descoberto e tratado nos primeiros sete anos, ou até mesmo nos primeiros quatorze anos, a cura poderia ter sido efetuada; infelizmente, nada de radical fora praticado até que o paciente tivesse vinte e cinco anos de idade. Por essa época, os elementais astrais e físicos haviam crescido acostumados a uma considerável liberdade de ação por conta própria, e a conduta resultante era de fato muito estranha. O cérebro neste caso não estava devidamente desenvolvido em função, mais uma vez, da ausência de *prāna* Egoico.

Outro caso de atraso pronunciado no desenvolvimento foi atribuído a causas astro-etéricas. Terríveis excessos foram cometidos, tanto de embriaguez quanto de sensualidade, em mais de uma vida passada, e nesta vida presente a mãe estava mais ou menos intoxicada durante todo o período de gravidez; ela estava completamente intoxicada quando ocorreu o nascimento e continuou nesse estado nos quinze dias seguintes, ao final dos quais faleceu. A criança, é claro, iniciou com uma desvantagem muito séria, um corpo totalmente envenenado e um cérebro etérico desordenado. Isso produzia um único bom efeito, qual seja, a natureza astral não poderia se expressar a um grau maior do que a mental. O corpo astral era extremamente grosseiro e turvo, e uma das dificuldades esperadas, à medida que as condições etéricas fossem gradualmente melhoradas e houvesse mais expressão do homem, era uma expressão violenta de seu corpo astral. Descobriu-se que os ataques epilépticos, que estavam entre os sintomas, se deviam à condição do corpo astral previamente descrito.

Ilusões e distúrbios emocionais irracionais apresentam interessantes características; as ilusões devem-se geralmente a uma ruptura na linha da consciência no nível astro-etérico, de tal forma que todos os impulsos são recebidos em uma condição distorcida e, consequentemente, são mal interpretados.

Um caso de medo irracional mostrou uma atividade anormal no plexo solar astral, e a investigação trouxe à luz o fato de o sujeito, cedo na vida, ter praticado certas formas de *Yoga*, descobertas em um livro oriental que aconselhava meditação no plexo solar como meio de produzir clarividência; isso foi realizado até que foi obtido algum contato com certos níveis do Plano Astral. O centro através do qual as emoções subconscientes alcançam a consciência física é o plexo solar, e estas, não raro, realmente são "sentidas" naquela região. O medo, por exemplo, algumas vezes é acompanhado por uma sensação de abismo no plexo solar físico. No caso referido, a meditação – ou melhor, a concentração – sem dúvida estimulou o centro astral, mas de uma maneira totalmente imprópria; o resultado foi que suas atividades aos poucos saíram fora do controle da vontade e ocorreram experiências astrais anormais. Estas costumavam aparecer no exato momento em que a consciência estava deixando o corpo, quando havia um influxo das vibrações astrais, tornado possível pela ausência da consciência controladora e da condição ativa do plexo solar. Estes contatos astrais inferiores são muitas vezes de uma natureza aterradora – enquanto aquele a elas submetido ainda não aprendeu a dominá-las. Vários habitantes destas desagradáveis regiões buscavam entrar através do fino véu, no caso descrito, e a consciência voltava apressadamente para o corpo em um estado de terror.

Tais condições podem ocorrer como resultado de práticas equivocadas análogas em vidas anteriores, e, sem dúvida, muitos moradores de nossos lares mentais encontram-se em situação não diferente da descrita.

Algumas vezes as ilusões e alucinações decorrem da presença de entidades obsessoras. Este é um tema sobre o qual, no momento, pouco pode ser dito. As obsessões têm caráter tão variado e se devem a tantas causas diferentes que um longo estudo seria necessário antes que pudéssemos fornecer uma explicação adequada.

As entidades obsessoras pertencem a duas classes: elementais e humanas. Cada classe pode ser ainda subdividida. Os elementais podem ser habitantes naturais dos níveis astral ou etérico inferiores, membros do reino elemental da Natureza, ou podem ser formas-pensamento artificiais, criadas através de práticas mágicas, usadas pela pessoa obsedada em uma vida anterior ou na presente – ou pelos membros da Fraternidade negra. As entidades obsessoras humanas podem ser espíritos presos à Terra, suicidas ou vítimas de morte súbita, ou novamente, membros das forças obscuras, encarnados ou desencarnados, buscando um sujeito no qual possam praticar suas atividades perversas. Em todos os casos, aquele que sofre, deve ter algo em sua natureza que corresponda à do obsessor; deve haver uma porção da aura, geralmente no corpo astral, vibrando em uma frequência mais grosseira do que o restante, e formando um foco através do qual a entidade obsessora pode operar.

Muitas pessoas, ao retomarem a vida oculta em uma nova encarnação, encontram-se com elementais que representam os aspectos mais sombrios de seu próprio passado; muitos magos brancos tiveram contato com magia negra em uma ou outra vida, e antes de que certos passos possam ser dados, o *karma* deve ser ajustado, e estes esqueletos do arquivo oculto devem ser eliminados, "varridos" e devidamente enterrados.

Não há muita dificuldade em afastá-los. Eles saem correndo com considerável violência e, sabendo que sua hora se aproxima, agarram-se ferozmente em seu infeliz criador.

Mais uma vez, é provável que, com muita frequência, internos em asilos sofram de tais visitas, e muitos casos aparentemente sem esperança poderiam ser curados se os meios apropriados de exorcismo pudessem ser aplicados.

A entidade deve ser desligada da aura e, se não ouvir a razão, deve ser até mesmo destruída, se possível, ou, senão, aprisionada. A aura do paciente deve ser isolada enquanto se processa a cura; a matéria danificada na aura deve ser "lavada" e, finalmente, o Ego deve ser persuadido a tomar conta de seus veículos uma vez mais, devendo fazer um esforço determinado para manter o controle.

O choque da obsessão é muito severo e, se o Ego sair-se bem e retomar o controle, serão aprendidas lições muito valiosas, particularmente a mais óbvia e mais necessária, que é: "não faça isso novamente".

IV

O Ego e Seus Veículos

A fim de que o Ego possa retirar o máximo de qualquer ciclo de encarnação, é importante que atinja tão completa posse de seus três veículos quanto possível.

Pois bem, o máximo de controle pode ser obtido apenas se os corpos estiverem individualmente em boas condições de saúde e se estiverem coordenados e alinhados.

Para que haja boa saúde, a pulsação da onda rítmica do oceano ilimitado da Vida Única deve funcionar regularmente através de todo o ser; cada veículo deve estar sintonizado com este ritmo tanto quanto a condição evolucionária o permita; a força energizante do Eu Superior deve fluir livre e continuamente através de cada um diretamente para baixo, para o corpo físico, para ser ali expresso em modos de vida e conduta que correspondam, tanto quanto possível, aos ditames da consciência. A consciência do homem pode ser considerada como representante do Ego na consciência física.

A má saúde significa que o ritmo está rompido, que a desarmonia com a Vida Única estabeleceu-se, e a fricção resultante causa dor; a dor nos ensina que há desarmonia e nos convida a corrigi-la.

O ideal para os três veículos inferiores é que possam agir como uma unidade; os três devem ser um, coordenados e alinhados, de tal modo que se tornem um instrumento perfeito nas mãos do Ego e não ofereçam obstáculo ao fluxo de sua vida radiante.

Para auxiliar-nos a obter uma compreensão mais profunda do problema da saúde e da doença, faremos agora uma tentativa de entender, em alguma medida, o ponto de vista do Ego.

O Eu Superior de um ser humano desenvolvido, residindo no corpo causal, o princípio que foi formado quando ele se individualizou milhões de anos atrás, é um ser de radiante esplendor.

O corpo causal de um estudante sério das verdades espirituais mais profundas é bem maior do que o espaço que lhe é comumente reservado; é muito mais amplo, em proporção com o físico, do que os corpos astral e mental e além dele estende-se uma radiância, faiscante de poder, que aumenta consideravelmente tanto a esfera de sua influência quanto a beleza de sua aparência.

A consciência em seu interior é poderosa e sábia, em seu próprio nível, a um grau além da capacidade do concebível pelo cérebro físico.

O Bispo Leadbeater compara o Ego de um homem comum com o de um proprietário rural espiritualizado do melhor tipo; o de um homem culto ao tipo superior de um embaixador digno – um representante sereno, sábio e poderoso da mônada que se encontra além.

A condição do Ego de um *Arhat* é trazida um pouco mais próxima de nossa compreensão por aquela maravilhosa representação em *O Homem Visível e Invisível,* do corpo causal, de um Iniciado do quarto grau.

Podemos alcançar alguma compreensão da vida do Ego em seu próprio plano?

Primeiro devemos nos lembrar de que ele habita o nível mental superior onde a consciência não mais requer uma forma limitante; nossas divisões físicas da manifestação em passado, presente e futuro, longe, perto e distante, com todas as limitações que impõem sobre nossa compreensão de ideias e situações, são quase que inteiramente transcendidas. Além disso, pode-se dizer que o Ego sabe sem a necessidade do pensamento analítico. As situações são compreendidas em um relance; sistemas complexos de filosofia são expressos e compreendidos em nível causal, em um *flash* de consciência no nível causal;

grandes sinfonias existem em sua totalidade e podem ser captadas pelo poder sintético da consciência causal, como um todo completo e perfeito.

Como isso é diferente dos tediosos métodos do Plano Físico, onde a composição deve ser expressa nota por nota antes que os obtusos ouvidos de uma pessoa comum possam transmiti-la à mente e esta traduzi-la em termos compreensíveis!

O Ego é livre e poderoso além do que quer que possamos conceber; as limitações de tempo e de espaço lhe são praticamente desconhecidas, e ele é quase onipotente dentro de sua própria esfera de influência. Seus companheiros – dividindo com ele a luz e o esplendor do nível causal, onde as grandes ideias arquetípicas existem como sínteses – são seus Egos irmãos, seus pares. Ele deseja ter, se esta for a linha de seu progresso evolucionário, o privilégio do contato constante com os Grandes Seres e Seus discípulos iniciados; e os *Arūpadevas*, os senhores dos mundos sem forma, são características normais de seu ambiente.

A personalidade começa gradualmente a participar dessa vida. À medida que os veículos inferiores são purificados e os poderes de percepção ampliados, transcendemos as limitações destes mundos inferiores e suas restrições enfraquecem uma a uma.

Já em nossos momentos de exaltação e inspiração, sentimos o toque do eu imortal sobre nós, produzindo uma consciência de poder, de sabedoria e de forte vibração rítmica operando através de todos nossos corpos; algum dia poderemos entrar em plena posse desse mundo, e nossa consciência estará sediada ali, mantendo apenas tanto contato com o cérebro quanto for necessário para fazer "funcionar" o corpo físico, e para manter o elemental físico trabalhando eficientemente, pois, nesta época, ele estará treinado para agir com um mínimo de supervisão. Então poderemos não ser mais limitados a um único trabalho a cada vez; deveremos ser capazes de operar em todos os três mundos inferiores simultaneamente, mesmo que o trabalho possa ser de diferentes tipos e em diferentes lugares, enquanto, ao mesmo tempo, um número quase ilimitado de atividades será mantido por nós no nível causal.

Ouvi que um famoso líder teosófico era capaz de ministrar uma de suas lúcidas palestras sobre um tema abstruso a uma audiência no Plano Físico, ao mesmo tempo que ministrara outra palestra para outra audiência inteiramente diferente sobre um tema também inteiramente diferente, no Plano Astral; no nível causal ele estaria trabalhando em todos os grandes esquemas nos quais está engajado para seus Mestres e observando aquelas pessoas em especial que está determinado a auxiliar – estas, provavelmente, somando algumas centenas; – enquanto a força total de sua consciência está trabalhando, em um nível muito mais elevado, onde uma meditação contínua de vinte e quatro horas por dia é mantida para o auxílio do mundo.

Estou ciente de que para a consciência normal da maioria de nós tal condição soa impossível e demasiadamente avançada, e isso é por certo verdadeiro para a consciência do cérebro, mas para a consciência Egoica não apenas é possível, como praticamente todos os estudantes mais sérios já a estejam alcançando em alguma medida; e está dentro do alcance de todos nós. Este mundo de serviço ilimitado é nosso para entrarmos nele, e a Teosofia é a chave que abrirá a porta. É para o interior deste mundo que os Mestres nos convidam, dizendo sempre: "Saiam de seu mundo e venham para o Nosso".

O importante é *começar*. Podemos iniciar com a suposição de que estes métodos são possíveis para nós, praticando o auxílio ao mundo e aos nossos semelhantes do nível Egoico bem como do mental, astral e físico. Mesmo que nossas limitações físicas sejam grandes demais para permitir que realizemos muito no momento, esforcemo-nos para alcançar uma maneira de trabalhar com nosso Ego, de forma que ele possa incluir-nos cada vez mais em suas atividades e possa realizar, em seu nível, o trabalho que nós desejaríamos fazer. Esse trabalho, feito por ele, em conjunto com seu eu pessoal, será muito mais efetivo do que qualquer coisa possível àquele eu pessoal apenas.

Tomemos um exemplo concreto, de modo que possamos obter uma clara ideia de como começar este método do trabalho oculto.

Supondo que existe um indivíduo a quem decidimos auxiliar – e deles deve existir um número sempre crescente – devemos, em primeiro lugar, fixar nossa mente sobre ele com toda nossa força e concentração mental, registrando uma firme decisão de que ele deve ser curado, auxiliado e inspirado da maneira que for melhor para ele; não é bom fixar muito rigidamente quais deveriam ser os resultados concretos de nossos esforços – podemos com segurança deixar isso para a Boa Lei e para a visão mais ampla de seu Eu Superior e do nosso próprio. O passo seguinte é elevar a consciência o mais próximo possível do nível Egoico e decidirmos "lá" que o Ego deve tomar conta do caso. Após esse ato, que, com a prática, pode ser realizado em um instante – até mesmo durante uma conversa – tudo que é necessário é fazer referência ocasionalmente à pessoa aqui, desejar ardentemente seu progresso e desejar trabalhar com todas as forças por seu bem-estar. Tendo feito isso, podemos deixar o problema para o Ego; não é preciso ansiar ou duvidar; o resultado é *certo*.

Se esta prática for contínua, uma medida crescente de cooperação entre o Ego e a personalidade será estabelecida e um senso crescente da realidade do trabalho oculto será obtido.

O Ego de cada um de nós é um ser poderoso e não precisamos, não devemos, cometer o erro de atribuir a ele as limitações das quais somos tão dolorosamente conscientes na carne; elas não existem no nível Egoico. A humildade é conveniente apenas no nível pessoal.

Tal é a vida e tal pode ser o trabalho do Ego – uma vida de alegria, esplendor e serviço contínuo oferecido do mais fundamental ponto de apoio – o da causação ao invés do efeito.

Devemos admitir que é destes níveis, bem como de planos ainda mais sublimes, que os Mestres realizam Seu incessante labor para o soerguimento do mundo.

Lembramo-nos da afirmação segundo a qual o Senhor Buda costumava olhar sobre o mundo, toda manhã, a fim de ver aquelas pessoas que mais necessitavam de Sua ajuda; tal visão apenas seria possível quando a consciência dos níveis acima do Plano Mental (geralmente chamados de "cósmico" ou "*búddhico*") fosse empregada.

Se escolhemos exercitar isso, teremos o privilégio de nos unir às poderosas atividades dos Mestres e, provavelmente um dos melhores caminhos para entrar em Seu mundo é imitá-Los, tanto quanto possível, e perdermo-nos no serviço à humanidade.

Gradualmente começaremos a viver e a trabalhar como um Ego e não como uma personalidade. Isso irá aumentar enormemente nossa eficiência, marcando todas as nossas atividades com grandeza e permanência, enquanto nossa saúde física certamente será mantida na maior perfeição possível, pois a vida Egoica derramar-se-á cada vez mais livremente através de nós. Então, tendo curado a nós mesmos, podemos começar a curar os outros, e assim ocupar um lugar, conquanto humilde, nas fileiras daqueles que curam, que são os instrutores e salvadores dos homens.

gráfika®
papel&cores
Fone:61 3344.3101